MEDITANDO OS MISTÉRIOS DO
SANTO ROSÁRIO

MEDITANDO OS MISTÉRIOS DO
SANTO ROSÁRIO

com *Santa Teresa Benedita da Cruz*
(Edith Stein)

novena e outros anexos

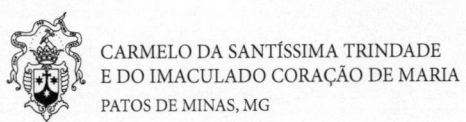

CARMELO DA SANTÍSSIMA TRINDADE
E DO IMACULADO CORAÇÃO DE MARIA
PATOS DE MINAS, MG

IMPRIMATUR

+ Frei Claudio Nori Sturm

† Dom Frei Claudio Nori Sturm
Bispo de Patos de Minas, MG

Patos de Minas, 19 de outubro de 2021

Preparação e revisão: Maria Suzete Casellato
Capa: Viviane Bueno Jeronimo
   Imagens da capa e do miolo gentilmente cedidas
   pelo Carmelo da Santíssima Trindade e do Imaculado
   Coração de Maria. Patos de Minas, MG.
Diagramação: Sowai Tam

**Carmelo da Santíssima Trindade
e do Imaculado Coração de Maria**
Rua Marciano Pereira da Silva nº 104 – São Francisco
38702-022 Patos de Minas, MG
T 55 34 3823 6200
carmelitaspatosdeminas@gmail.com
Facebook: **@carmelitasdepatosdeminas**
Instagram: **@carmelossticm**

Edições Loyola Jesuítas
Rua 1822 nº 341 – Ipiranga
04216-000 São Paulo, SP
T 55 11 3385 8500/8501, 2063 4275
editorial@loyola.com.br
vendas@loyola.com.br
www.loyola.com.br

Todos os direitos reservados. Nenhuma parte desta obra pode ser reproduzida ou transmitida por qualquer forma e/ou quaisquer meios (eletrônico ou mecânico, incluindo fotocópia e gravação) ou arquivada em qualquer sistema ou banco de dados sem permissão escrita da Editora.

ISBN 978-65-5504-256-6

© EDIÇÕES LOYOLA, São Paulo, Brasil, 2023

107996

Nossa **GRATIDÃO** e **ORAÇÕES**
a tantos que nos ajudaram neste livro,
mas, de modo muito especial,
agradecemos ao ***Pe. Eliomar Ribeiro, SJ***,
que tornou possível esta edição,
e ao ***Prof. Gabriel Mauro da Silva Rosa***,
que organizou a Novena e os anexos
com tanto carinho e empenho.

Irmãs Carmelitas de Patos de Minas, MG

Índice

Introdução 9
Mistérios do Santo Rosário 13
    Mistérios da Alegria 13
    Mistérios da Luz 19
    Mistérios da Dor 25
    Mistérios da Glória 32
Novena 37
    Primeiro dia 37
    Segundo dia 40
    Terceiro dia 43
    Quarto dia 45
    Quinto dia 47
    Sexto dia 50
    Sétimo dia 53
    Oitavo dia 56
    Nono dia 59
Anexos 63
Referências 79

3º Mistério: O nascimento de Jesus em Belém (Lc 2,1-20).

Meditação I: "O mistério da encarnação e o mistério do mal vão juntos. Contra a luz que vem do alto, contrasta a noite do pecado e a torna escura e tenebrosa. A criança no presépio estende as mãos e o seu sorriso parece dizer o que mais tarde pronunciarão os lábios do Filho do Homem: 'Vinde a mim todos os que estais cansados sob o peso do vosso fardo'... Ó troca maravilhosa! O criador do gênero humano, encarnando-se, concede-nos a sua divindade. Por causa desta obra maravilhosa o Redentor veio ao mundo: Deus se tornou Filho do homem para que os homens se tornassem filhos de Deus. Um de nós rompeu o laço da filiação divina, e um de nós devia reatar o laço, pagando pelo pecado. Nenhum da antiga e enferma raça podia fazê-lo. Devia ser um rebento novo, sadio e nobre. Tornou-se um de nós, e mais do que isto: unido conosco".[5]

Meditação II: "Novamente, ajoelhamo-nos junto aos Reis Magos diante do presépio. As batidas do coração do Menino Deus dirigiram a estrela que nos conduz a Ele. Sua luz, o resplendor da luz eterna, é refletida de muitas maneiras nas auréolas resplandecentes dos santos, que a Igreja nos apresenta como a corte do recém-nascido — o Rei dos Reis. Eles deixam entrever algo do mistério de nossa vocação. Maria e José não podem ser separados de seu Filho divino na liturgia do Natal. Eles não têm, neste tempo, nenhuma festa própria, pois todas as festas do Senhor são suas festas — festas da Sagrada Família. Eles

---

5. *O Mistério do Natal*, p. 16-19.

não vão ao presépio, pois estão ali desde o princípio. Quem vem ver o Menino vem também a eles. Eles estão totalmente submergidos em sua luz celestial".[6]

4º Mistério: A apresentação do Menino Jesus no Templo (Lc 2,22-38).

Meditação I: "De todos os frutos desejados que podem ser anotados, a oração tem um efeito retroativo salutar. Vem da fé e leva de volta a ela: opera uma maior compreensão das verdades da fé e fortalece, como confirmação de fé, a participação da vida eterna em nós. Dá-nos, também, o que nos faz felizes, o que lhe é próprio, um antegozo da vida eterna, fortalecendo, assim, a esperança. Devemos orar não para comunicar algo a Deus, mas com o fim de preparar-nos para o que Ele nos quer comunicar; deixar-nos purificar de tudo o que, no caminho, se opõe a seu amor".[7]

Meditação II: "As paredes de nossos conventos circundam um espaço estreito. Quem quer erguer aqui a estrutura da santidade tem de cavar profundamente e construir bem alto; tem de adentrar nas profundidades da noite escura do próprio nada para ser elevado até à luz do amor divino e da misericórdia divina. Nem todos os séculos necessitam de uma reforma grandiosa como a de nossa Santa Madre Teresa; tampouco existem

---

6. Meditações. Na festa da Epifania de 1941 (6-I-1941). OC V, p. 656, tradução livre.

7. Caderno de Notas Pessoais. Exercícios — 1937, OC V, p. 848, tradução livre.

tiranias que nos dão a possibilidade de apoiar a nossa cabeça no tronco do executor para defender a nossa fé e o ideal de nossa Ordem, como fizeram as 16 Carmelitas de Compiègne. Mas todo aquele que entrar no Carmelo deve se dar inteiramente a Deus. Somente aquele que valoriza o seu pequenino espaço no coro diante do tabernáculo pode viver aqui e encontrará, sem dúvida alguma, a felicidade que nenhum esplendor mundano pode oferecer-lhe".[8]

5º Mistério: O encontro do Menino Jesus no Templo entre os doutores (Lc 2,41-50).

Meditação I: "Já que Maria estava relacionada com Deus e unida ao Senhor em uma união de vida — na sua participação no seguimento, na disponibilidade, no anseio, na simpatia —, ela também teria de sofrer. Como mãe, teria de ser cruz para o Senhor: ela deu a Ele uma natureza capaz de sofrer, o 'corpo do pecado', a natureza humana, à qual Deus estava sujeito como em sua cruz. Seu parentesco com o Filho é a entrega à vontade do Pai, e seu *Fiat* é o consentimento de ser a cruz do Senhor. Ela foi a que o trouxe em seus braços; aquela que o ofereceu no templo sobre o altar de seu coração e, sobretudo, a que esteve aos pés da cruz; com a sua presença, fez ainda mais doloroso

---

8. Escritos históricos doutrinais. Sobre a história e espírito do Carmelo, OC V, p. 564, tradução livre.

o sofrimento de Cristo. Devemos tentar participar nesse sofrimento e esquecer de nossos pequenos sofrimentos".[9]

Meditação II: "Para onde o Menino Deus nos conduzirá nesta terra, isso não sabemos e não deveríamos perguntar antes do tempo. Só sabemos que, para aqueles que amam o Senhor, todas as coisas servem para o bem. Os caminhos pelos quais o Senhor nos conduz, levam-nos para além desta terra".[10]

"Só a força da graça é capaz de livrar a natureza de sua escória, restituindo-lhe a sua pureza e libertando-a para ingressar na vida divina."

Mistérios da Luz

(Meditam-se nas quintas)

1º Mistério: o Batismo de Jesus no Rio Jordão (Mt 3,13-17).

Meditação I: "O Sangue de Cristo é como o véu através do qual entramos no Santo dos Santos da vida divina. No batismo e no sacramento de penitência, esse sangue nos purifica dos nossos pecados, abre-nos os olhos à luz eterna, os ouvidos à palavra divina, os lábios ao louvor, à oração de penitência e de súplica,

---

9. Caderno de Notas Pessoais. Exercícios — 1937, OC V, p. 850-851, tradução livre.
10. *O Mistério do Natal*, p. 19.

à ação de graças; todas essas orações, sob diferentes formas, são uma só adoração, isto é, a homenagem da criatura a Deus onipotente e infinitamente bom".[11]

Meditação II: "Ser filho de Deus significa: andar apoiado na mão de Deus, na vontade de Deus; não fazer a vontade própria, colocar todo o cuidado e toda a esperança nas mãos de Deus, não se preocupar consigo e com seu futuro. Nisto consiste a liberdade e a alegria dos filhos de Deus".[12]

2º Mistério: o milagre de Jesus nas Bodas de Caná (Jo 2,1-12).

Meditação I: "Eis Maria nas bodas de Caná; seu olhar silencioso e atento vê tudo e percebe o que falta. Antes que outros se deem conta, antes de surgir algum constrangimento, ela já resolveu o problema. É ela que encontra os meios, que dá as instruções, tudo sem alarido, imperceptivelmente. É o modelo da mulher na atividade profissional. Onde quer que a coloquem, ela cumpre seu serviço em silêncio e de acordo com as exigências do momento, sem esperar reconhecimento e atenção para si mesma. Atenta às circunstâncias, percebe onde existe uma falha, onde alguém precisa de ajuda, intervindo, então, de modo imperceptível, na medida de suas possibilidades. Assim como uma boa alma, será uma bênção para todos".[13]

---

11. *A Oração da Igreja*. Ed. Agir, p. 55-56.
12. *O Mistério do Natal*, p. 24.
13. O Ethos das profissões femininas. In: *A Mulher*, p. 63-64.

Meditação II: "Os três votos se complementam e se exigem mutuamente. Não se pode cumprir um, perfeitamente, sem levar em conta os outros. A Mãe de Deus nos precedeu nesse caminho e quer ser nossa guia. Tenha confiança para entregar-se totalmente como uma criança a essa Mãe amorosa. Então, não precisará temer a grandiosidade do que você promete. O Senhor, que a chamou e a toma por esposa, quer lhe dar a graça da perseverança na vocação, e, tudo isso, Ele o quer dar pelas mãos de Sua Mãe".[14]

3º Mistério: o anúncio do Reino de Deus. Um convite à conversão (Mc 1,14-15; Lc 7,47-48).

Meditação I: "No tempo imediatamente anterior à minha conversão e, depois, durante um certo período, cheguei a pensar que levar uma vida religiosa significava o abandono de tudo o que era terrestre para viver só no pensamento das coisas divinas. Progressivamente, aprendi a reconhecer que nos é pedido algo mais neste mundo e que, mesmo na vida contemplativa, não se deve romper o vínculo com o mundo. Creio, inclusive, que quanto mais alguém está inserido na vida divina, tanto mais deve, neste sentido, 'sair de si próprio', isto é, ir ao mundo para comunicar-lhe a vida divina".[15]

---

14. Meditações. Na ocasião da primeira profissão de Irmã Miriam de Santa Teresinha. OC V, p. 645, tradução livre.
15. Carta 174 a Calista Kopf. OC I, p. 809, tradução livre.

Meditação II: "[De onde vem a Santa Teresa de Jesus] que, há uma dezena de anos, vivia numa cela de convento, consagrada à oração, à sede ardente de agir para o bem da Igreja, e quem lhe deu essa visão nítida das misérias e necessidades de seu tempo? Assim foi justamente porque ela viveu na oração, deixou-se conduzir pelo Senhor em seu 'castelo interior' até aquela oculta morada em que Ele lhe disse: 'que era tempo de que ela fizesse dos interesses Dele seus próprios interesses e que Ele cuidaria do que concerne a ela'. Por isso, não podia ela fazer outra coisa a não ser 'arder de zelo pelo Senhor, o Deus dos exércitos'. Aquele que se consagra inteiramente ao Senhor é o escolhido como instrumento para edificar o seu reino. Só Deus sabe o quanto a oração de Santa Teresa e de suas filhas contribuiu para proteger a Espanha contra a heresia, e que força desenvolveu nas lutas ardentes das guerras de religião na França, nos Países Baixos e no Império germânico".[16]

4º Mistério: a transfiguração de Jesus no Monte Tabor (Lc 9, 28-35).

Meditação I: "A palavra divina nos revela a essência, o querer e o atuar de Deus. Em virtude de tais comunicações é possível entender, de certo modo, a Deus... que entendamos a obra da criação e da redenção como movidas por uma bondade e um amor divino transbordantes. Quando nós, mediante um esforço acompanhado de uma entrega, tratamos de adentrar

---

16. *A Oração da Igreja*, p. 47-48.

no interior da vida divina, adquirimos já uma participação na vida divina. Deus, ao se abrir a nós, doa-nos vida divina".[17]

Meditação II: "Verdade e misericórdia são um só atributo no Santíssimo Sacramento. É verdade que nós necessitamos da aproximação corporal e da presença sensível; misericórdia incompreensível, que te estabeleceste nesta figura no meio de nós. É verdade que teu sacrifício na cruz seria uma pálida realidade de tempos passados se, diariamente, não te fizesses presente em nossos altares. Toda a tua vida, que foi vivida por nós, seria 'do passado' se tua misericórdia não se deixasse fazer presente ao longo do ano litúrgico. Verdadeiramente serviço santo e santificante é o ofício divino, que nos manifesta a verdade misericordiosa da história da salvação e se faz efetivamente presente em nós. Incompreensível verdade e misericórdia é que o Deus Todo-poderoso se abaixe para elevar até si uma pobre criatura à união nupcial. Tu me dizes e eu creio que a união é o que de mais excelso pode acontecer a uma criatura na terra, superado apenas pela Glória. Se nós nos libertamos para ti e se cremos, de verdade, na transformante força de tua graça e misericórdia, então, essa eterna aliança não é superada pela união mística".[18]

---

17. Que é o homem? A antropologia da doutrina católica da fé. OC IV, p. 809, tradução livre.

18. Terça-feira de Páscoa: *Veritas et misericordia obviaverunt sibi*. Caderno de Notas Pessoais. Exercícios espirituais, OC V, p. 865-866, tradução livre.

5º Mistério: a última Ceia de Jesus com os apóstolos e a Instituição da Eucaristia (Lc 22,14-20).

Meditação I: "Só a força da graça é capaz de livrar a natureza de sua escória, restituindo-lhe a sua pureza e libertando-a para ingressar na vida divina. E a própria vida divina é a força geradora das obras de amor. Quem quiser mantê-la sempre dentro de si precisa nutri-la, constantemente, das fontes das quais ela jorra sem cessar, que são os santos sacramentos, sobretudo o Sacramento do Amor... Quem procura o Deus Eucarístico e se aconselha com Ele em todas as dificuldades; quem se deixa purificar pela força santificante que parte do altar do sacrifício; quem se oferece a si mesmo ao Senhor nesse sacrifício; quem acolhe o Salvador no mais íntimo da alma na santa comunhão, necessariamente será puxado com mais e mais força para dentro da torrente da vida divina, fazendo parte mais íntima do corpo místico de Cristo, de modo que seu coração se transforma segundo a imagem do Coração Divino".[19]

Meditação II: "A alegria do Salvador consiste em estar entre os filhos dos homens e Ele prometeu permanecer entre nós até o fim do mundo. Ele cumpriu essa promessa por meio de sua presença sacramental no altar. Aí nos espera e teríamos de pensar que os homens teriam de se reunir nesses lugares consagrados. O simples significado dessa verdade de fé requer de nós o nosso lugar, afastando-nos apenas quando nossas tarefas o exigissem, e essas tarefas teríamos de recebê-las, diariamente, das

---

19. O Ethos das profissões femininas. *A Mulher*, p. 69-70.

mãos do Salvador Eucarístico e voltar a deixar em suas mãos o trabalho cumprido. O Salvador morreu no Calvário por nós. Mas para Ele esse sacrifício de morte não seria suficiente para completar, de uma vez por todas, a Redenção. Ele quer oferecer a cada um, pessoalmente, os frutos de sua obra. Por isso Ele renova, diariamente, o sacrifício no altar, e todo aquele que participa com um coração crente é renovado espiritualmente e permanece purificado no Sangue do Cordeiro".[20]

"Quem pertence a Cristo deve viver toda a vida de Cristo. Deve alcançar a maturidade de Cristo e percorrer o caminho da Cruz."

Mistérios da Dor

(Meditam-se nas terças e sextas)

1º Mistério: A agonia de Jesus no Horto das Oliveiras (Mt 26,36-46).

Meditação I: "Durante sua oração no Monte das Oliveiras, Jesus se preparou para subir ao Calvário. E o que diz ao Pai, na hora mais grave da sua vida, nos é transmitido em algumas palavras breves que nos podem guiar como luz na noite, à hora da nossa própria agonia: *'Pai, se Tu o quiseres, afasta*

---

20. Conferências (1926-1933). Educação Eucarística. OC IV, p. 150, tradução livre.

de mim este cálice: no entanto, que tua vontade seja feita e não a minha'. Essas palavras são como relâmpago iluminando, por um momento, a vida mais secreta da alma de Jesus, o mistério insondável do seu ser humano divino, seu diálogo com o Pai, diálogo que prossegue através de toda a sua vida, jamais interrompido".[21]

Meditação II: "Nenhum coração humano passou por noite tão escura quanto o homem-Deus no Getsêmani e no Gólgota. A nenhum espírito humano é dado penetrar o mistério insondável do abandono, por Deus, do Deus-homem agonizante. Jesus, porém, pode fazer com que almas escolhidas experimentem algo dessa extrema amargura. É de seus amigos mais fiéis que Ele espera a derradeira prova de amor".[22]

2º Mistério: A flagelação de Nosso Senhor Jesus Cristo (Mt 27,11-26).

Meditação I: "Em Cristo, nada havia, quer em sua natureza, quer em seu livre arbítrio, que pudesse resistir ao amor. Ele passou todos os instantes de sua vida em irrestrita entrega ao amor divino. Tomando sobre si o peso do pecado da humanidade, abraçou-o com amor misericordioso e o guardou em sua alma — foi o que fez em sua encarnação pelo *'Ecce venio'*, sob cuja égide iniciou a vida terrena, renovando-o, expressamente, em seu batismo. Foi o que fez, ainda, pelo *'Fiat'*, no horto das

---

21. *A Oração da Igreja*. Agir, p. 36-37.
22. *A Ciência da Cruz*. Edições Loyola, 3ª ed., p. 32.

Oliveiras. Assim, realizou-se o holocausto expiatório em seu íntimo: por meio de todos os seus sofrimentos e durante toda a sua vida; mas, principalmente, no horto das Oliveiras e na Cruz, porque, então, cessou o sofrimento de felicidade sensível, fruto da interminável união, e ele ficou inteiramente entregue ao sofrimento de experimentar o extremo abandono de Deus. O *'Consummatum est'* é o anúncio do fim do holocausto expiatório; o *'Pater, in manus tuas commendo spiritum meum'* é a volta definitiva para a eterna e inalterável união de amor".[23]

Meditação II: "O anjo que livrou São Pedro do cárcere é um símbolo de obediência: ela nos livra das cadeias do poder natural dominador, dos caprichos, da preguiça; ilumina-nos sobre o bom caminho, nos une a todas as obras da comunidade — com suas orações, méritos e graças — ao Senhor mesmo — que está presente na comunidade se ela vive em obediência".[24]

3º Mistério: Jesus é coroado com espinhos (Mt 27,27-31).

Meditação I: "A cruz é nosso único título de glória: 'Quanto a mim, não aconteça gloriar-me senão na cruz de Nosso Senhor Jesus Cristo, por quem o mundo está crucificado para mim e eu para o mundo' (Gl 6,14). Quem se decidiu por Cristo morreu para o mundo e este para ele, e traz no seu corpo os estigmas do Senhor Jesus, tornou-se fraco e desprezado pelos

---

23. *A Ciência da Cruz*, p. 154.
24. Caderno de Notas Pessoais. Exercícios — 1937. A obediência. OC V, p. 846, tradução livre.

homens e, contudo, forte, porque o poder de Deus se manifesta na fraqueza. Assim, o discípulo de Cristo não somente aceita a cruz, como também se crucifica, 'pois os que são de Jesus Cristo crucificaram a carne com suas paixões e seus desejos' (Gl 5,24). Travaram luta feroz contra as inclinações da natureza para que o pecado morresse neles e desse lugar à vida do Espírito. Esta última é o que importa: a cruz não é um fim em si mesma. Ela se ergue e aponta para o alto. Não é somente sinal, é a arma forte de Cristo. É a vara do pastor, com que o Davi divino vai de encontro ao Golias das trevas e com a qual o golpeia, abrindo a porta do céu. E a torrente da luz divina transbordará, envolvendo a todos os que formam o séquito do Cristo Crucificado".[25]

Meditação II: "A *doutrina da cruz* é o evangelho de Paulo, a mensagem que ele prega a judeus e pagãos. É um testemunho simples por natureza, destituído de qualquer retórica e que não procura convencer por razões intelectuais. Toda a força provém da doutrina *em si* — a própria cruz de Cristo, ou seja, a morte de Cristo na cruz e o Cristo crucificado. Ele mesmo é o poder e a sabedoria de Deus; não somente o enviado de Deus, filho de Deus e Deus, ele próprio, mas também o Crucificado. Porque a morte na cruz é meio de redenção, fruto da insondável sabedoria de Deus. Para mostrar que a força e a sabedoria humanas são incapazes de realizar a Redenção, Deus dá o poder redentor àquele que, segundo o critério humano, parece

---

25. *A Ciência da Cruz*, p. 23-24.

fraco e louco, que não deseja ser nada por si próprio, mas tudo pela força de Deus e que 'aniquilou-se a si mesmo... tornando-se obediente até a morte, e morte de cruz'".[26]

4º Mistério: Jesus a caminho do calvário com a cruz aos ombros (Lc 23,26-34).

Meditação I: "O Salvador não está só no caminho da cruz e não são só inimigos que o acusam, mas, também, homens que o apoiam: como modelo dos seguidores da cruz de todos os tempos temos a Mãe de Deus; como tipo daqueles que assumem o peso do sofrimento imposto e, suportando-o, recebem a sua bênção, temos a Simão de Cirene; como representante daqueles que amam e que se sentem impulsionados a servir ao Senhor está Verônica. Qualquer um que, ao longo do tempo, tiver aceitado um duro destino em memória do Salvador sofredor, ou que houver assumido livremente sobre si a expiação do pecado, expiou algo do imenso peso da culpa da humanidade e, com isso, ajudou o Senhor a levar esta carga, ou melhor dizendo: é Cristo-Cabeça quem expia o pecado nestes membros de seu corpo místico, que se colocam à disposição de sua obra de Redenção, de corpo e de alma".[27]

Meditação II: "O sofrimento humano só recebe força expiatória se estiver unido ao sofrimento da cabeça divina. Sofrer e ser feliz no sofrimento, estar na terra, percorrer os sujos e

---

26. *Ibidem*, p. 22-23.
27. Meditações. Amor pela Cruz. OC V, p. 623-624, tradução livre.

ásperos caminhos desta terra e, contudo, reinar com Cristo à direita do Pai; com os filhos deste mundo rir e chorar, e com o coro dos anjos cantar, ininterruptamente, louvores a Deus: essa é a vida do cristão até o dia em que irrompa o amanhecer da eternidade".[28]

5º Mistério: a crucifixão e morte de Jesus (Lc 19,25-30).

Meditação I: "Cristo escolheu a morte de cruz porque ela é o símbolo mais eloquente. Elevado na cruz, o Salvador está visível e, ao mesmo tempo, olha a humanidade inteira. Os braços estendidos: venham todos a mim... A cabeça inclinada: obediente ao Pai. O sangue que jorra: ninguém tem amor maior".[29]

Meditação II: "Diante de ti, pregado na cruz, o Salvador, porque se fez *obediente* até a morte na cruz. Ele veio ao mundo, não para fazer a sua vontade, mas a vontade do Pai. Se tu queres ser a esposa do Crucificado, tens de renunciar, sem condições, à tua própria vontade e não ter nenhum desejo senão o de cumprir a vontade de Deus... Teu Salvador, diante de ti, pregado na cruz, despido e só, porque escolheu a pobreza... Aquele que quer segui-lo tem de renunciar a todos os bens da terra... Acolher, com gratidão, o que a providência envia; privar-se, com alegria, do que ela te faz carecer; não se preocupar pelo próprio corpo, nem por suas pequenas necessidades ou

---

28. *Ibidem*, p. 625, tradução livre.
29. Caderno de Notas Pessoais. O sinal da Cruz. OC V, p. 837, tradução livre.

apetites, mas deixar seus cuidados nas mãos dos que têm a responsabilidade; não se preocupar pelo dia que vem, nem pela próxima comida.

Teu Salvador, pendurado diante de ti, com o coração aberto. Ele derramou o sangue de seu coração para ganhar o teu. Queres segui-lo em santa pureza? Então, teu coração tem de estar livre de todo desejo terreno: Jesus, o Crucificado, seja o único objeto de teus anseios, desejos e pensamentos... É o coração amante de teu Redentor que te convida ao seguimento. Ele exige tua obediência, pois a vontade humana é cega e débil. Não encontrarás o caminho enquanto não te abandonares totalmente à vontade divina. Ele exige a pobreza, porque as mãos têm de estar vazias dos bens terrenais para poder receber os bens celestes. Exige-te a castidade, porque só o coração desapegado de todo amor terreno torna livre o coração para o amor de Deus. Os braços do crucificado estão estendidos para atrair-te ao seu coração. Ele quer a tua vida para dar-lhe a Sua".[30]

---

30. Meditações. Exaltação da Cruz. OC V, p. 633, tradução livre.

> "Cristo colocou a salvação da humanidade como uma semente, que tem de se desenvolver no crescimento interior e exterior da Igreja e no crescimento particular de cada pessoa."

Mistérios da Glória

(Meditam-se nas quartas e domingos)

1º Mistério: A Ressurreição de Nosso Senhor Jesus Cristo (Lc 24,1-8).

Meditação I: "O Ressuscitado está sempre contigo, Maria! Creio, de fato, que Ele nunca te deixou. O corpo ressuscitado não estava atado às condições do corpo terreno. Podia estar em mais de um lugar (como na presença sacramental). E quando aparecia aqui e ali aos discípulos, pôde, sem dúvida, estar ininterruptamente contigo. Na vida terrena levaste com Ele a cruz, também a cruz da separação, do abandono. Agora, compartilhas da glória do Ressuscitado sem mescla de dor; recebes o agradecimento por tua alegria maternal, em um amor oferecido incessantemente e em uma plenitude de vida divina. Ele pôs a mão sobre ti e tu colocaste tua mão sobre mim, para que, contigo e com o teu Filho, também eu leve a cruz e por ela chegue à vida bendita da ressurreição...".[31]

---

31. Notas Pessoais. Exercícios Espirituais. Domingo de Páscoa: *Resurreci et adhuch tecum sum*. OC V, p. 863-864, tradução livre.

Meditação II: "Na nova aliança, o ser humano participa da obra da salvação pela união estreita e pessoal com Cristo: pela *fé*, que vê nele o caminho para a salvação e se fia na verdade revelada por Ele e nos meios de salvação que Ele oferece; pela *esperança*, que confia firmemente na vida prometida por Ele; pelo *amor*, que procura achegar-se a Ele de todas as maneiras possíveis; pela *meditação* de sua vida e de suas palavras procura conhecê-Lo cada vez melhor; na *Eucaristia* almeja obter a união mais íntima com Ele e na *Liturgia* da Igreja partilha de sua vida mística, acompanhando o desenrolar do ano litúrgico".[32]

2º Mistério: a Ascenção de Jesus ao Céu (At 1,6-11).

Meditação I: "O Salvador disse aos discípulos que Ele iria por um tempo, que eles se entristeceriam e que o mundo se alegraria (Jo 16,6-20). Isso é bom para eles, pois era demasiado o seu apego à pessoa de Jesus. Ele tinha de se separar dos discípulos para que estes pudessem receber, interiormente, o seu Espírito. Assim, também é bom para nós se o conforto humano nos é retirado: o apoio de um representante humano e até os consolos, para que recebamos ações espirituais mais profundas. Podemos entristecer-nos pela ausência do Senhor e pelo 'modicum' (Jo 16,16) tornar-se longo, mas devemos estar seguros de que Ele não nos deixará sós".[33]

---

32. Vocação do homem e da mulher de acordo com a ordem natural e da graça. *In: A Mulher*, p. 94.

33. Notas Pessoais. Exercícios — 1937, OC V, p. 846-847, tradução livre.

Meditação II: "A visão beatífica nos transportará completamente para dentro da vida divina. Não chegaremos a Deus como chegamos às pessoas deste mundo; não nos veremos obstaculizados e enganados por nossas próprias interpretações errôneas, nem pelo fechamento e hipocrisia dos outros; Deus se dará a nós sem reservas. Assim, também nós nos entregaremos a Ele sem reservas; e já que nada, a não ser Ele, nos ocupará, seremos totalmente enchidos com a sua vida divina".[34]

3º Mistério: a descida do Espírito Santo sobre Nossa Senhora e os Apóstolos, reunidos no Cenáculo (At 2,1-4).

Meditação I: "Quem és tu, Doce Luz que me preenche e ilumina a obscuridade do meu coração? Conduzes-me como a mão de uma mãe, e, se me soltasses, não saberia nem dar mais um passo. És o espaço que envolve todo o meu ser e o encerra em si. Se fosse abandonado por Ti, cairia no abismo do nada, de onde Tu o elevas ao Ser".[35]

Meditação II: "A Redenção foi decidida no eterno silêncio da vida divina. A força do Espírito Santo sobreveio à Virgem quando orava solitária, na humilde morada silenciosa de Nazaré, e operou em seu seio a Encarnação do Redentor. Reunida em torno da Virgem, orando em silêncio, é que a Igreja nascente operou a nova efusão do Espírito que lhe havia sido prometido

---

34. Que é o homem? A antropologia da doutrina católica da fé. OC IV, p. 809, tradução livre.

35. Peças teatrais e poesias. Novena de Pentecostes, OC V, p. 768-775, tradução livre.

para intensificar a sua luz interior e tornar a ação fecunda... Assim, através dos séculos, os acontecimentos visíveis da história se prepararam sempre no silencioso diálogo das almas consagradas a Deus com seu Mestre".[36]

4º Mistério: a Assunção de Nossa Senhora ao Céu de corpo e de alma (1Cor 15,12-24).

Meditação I: "Ninguém viu, ninguém ouviu e nenhum coração imaginou o que o Senhor preparou para sua Mãe, que o amava acima do que se pode imaginar. Se o tempo entre a Ressurreição e a Ascenção estava especialmente dedicado à preparação da Igreja nascente, podemos afirmar que o Senhor introduziu sua Mãe, antes de todos os demais, nos mistérios do Corpo Místico. Ela teria de morrer de dor junto à Cruz, e de alegria na Ressurreição. Teve de receber a explicação sobre o mistério da Igreja, dos sacramentos e do sacerdócio, para depois, nos anos seguintes à Ascenção, ajudar a formar a Igreja".[37]

Meditação II: "Chamar Maria de nossa Mãe não é uma mera imagem. Ela é a nossa Mãe no sentido mais real e eminente, que ultrapassa a própria maternidade terrena. Ela nos deu à luz segundo a vida da graça, abandonando todo o seu ser, corpo e alma, à maternidade divina. Por isso, existe uma ligação íntima entre ela e nós. Ela nos ama, ela nos conhece, ela quer

---

36. *A Oração da Igreja*, p. 41-42.
37. *Exercícios Espirituais*. Sábado Santo: Praestolari in silentio salutare Dei. OC V, p. 862, tradução livre.

fazer de cada um de nós o que devemos ser e, sobretudo, quer levar cada um a uma relação mais estreita com o Senhor".[38]

5º Mistério: a coroação de Nossa Senhora, no Céu, como Rainha dos Anjos e Santos (Ap 12, 1-17).

Meditação I: "Não podemos servir melhor e mostrar o nosso agradecimento à Rainha do Carmelo senão considerando-a como nosso modelo exemplar e seguindo-a no caminho de perfeição. Encontramos poucas palavras da Virgem Maria nas Sagradas Escrituras, mas estas são como pesados grãos de ouro puríssimo: se os fundimos com o fogo de uma amorosa contemplação, serão mais do que suficientes para irradiarem sobre nós e sobre nossas vidas um luminoso resplendor".[39]

Meditação II: "Maria não pode dar às suas preferidas nada melhor do que chamá-las a segui-la pelo caminho percorrido por ela, beneficiando-as, assim, com uma admirável fecundidade e felicidade que supera tudo o que se pode imaginar. Como sinal da luminosa beleza que resplandece em toda alma realmente virgem, Maria veste estas almas com o manto branco e imaculado, que lhes recorda, constantemente, o convite para as Bodas do Cordeiro no coro das virgens, para cantar o hino que só elas podem cantar".[40]

---

38. A missão da mulher de conduzir a juventude à Igreja. *In: A Mulher*, p. 265.
39. Meditações. Na ocasião da primeira profissão de Irmã Miriam de Santa Teresinha. OC V, p. 643, tradução livre.
40. *Ibidem*, p. 643.

Novena

Primeiro dia
A união nupcial da alma com Deus

Em nome do Pai e do Filho e do Espírito Santo. Amém.

Meditação: "Desde toda a eternidade a alma foi predestinada a participar, como esposa do Filho de Deus, da vida trinitária, da Divindade. Para desposá-la, o Verbo Eterno revestiu-se com a natureza humana: Deus e a alma devem constituir *dois em uma só carne*. Mas a carne do homem pecador está revoltada contra o espírito; por isso, toda a vida carnal é feita de luta e de sofrimento. Estes atingiram o *Filho do homem* mais que atingiram qualquer outro ser humano, e, entre eles, são mais atingidos os que mais intimamente estão ligados a Cristo. Jesus Cristo é solícito para com a alma e entrega a sua própria vida em favor da vida da alma, na luta contra os inimigos, seus e dela. Ele afugenta Satanás e todos os espíritos malignos onde quer que os encontre pessoalmente, e arranca as almas de sua tirania. Ele revela cruamente a malícia humana onde quer que se lhe oponha, cega, disfarçada e obstinada.

A todos os que reconhecem seu pecado, confessando-o humildemente e desejando, intimamente, serem libertados, Jesus Cristo estende a mão, exigindo-lhes, entretanto, imitação incondicional e renúncia a tudo quanto se opõe ao seu Espírito. Isso levanta contra ele o furor do inferno e o ódio e a malícia da mesquinhez humana, a ponto de investirem contra ele, preparando-lhe a morte de cruz. Aqui, ele paga à Justiça divina, pelos tormentos extremos do corpo e da alma e, principalmente, pela noite do abandono de Deus, o preço das dívidas acumuladas pelos pecados de todos os tempos. Ele abre as comportas da misericórdia do Pai para todos os que têm a coragem de abraçar a cruz do Crucificado. Sobre estes, ele derrama sua luz e sua vida, que são divinas e que destroem, incessantemente, tudo quanto se lhes opõe e, por isso, dão, a princípio, a sensação de noite e de morte.

Essa é a noite escura da contemplação, a morte de cruz para o *homem velho*. A noite se torna tanto mais escura, e a morte mais penosa, quanto mais intenso for o apelo do amor divino e quanto mais, incondicionalmente, a alma se lhe entregar. O desmoronamento progressivo da natureza humana dá maior espaço à luz sobrenatural e à vida divina, a qual se apodera das energias naturais e as transforma em energias divinizadas e espiritualizadas. Dessa forma, realiza-se no cristão uma nova encarnação de Cristo, equivalente a uma ressureição da morte na Cruz. O *homem novo* traz no corpo os estigmas do Cristo: são a lembrança da miséria dos pecados, de onde foi ressuscitado para a vida bem-aventurada, e a lembrança do preço que isso custou. Resta-lhe a ânsia pela plenitude da vida, até que a morte física lhe permita entrar na luz sem sombra. Assim entendida, a união nupcial da alma com Deus é o fim para o qual a alma foi criada, e é uma união adquirida pelo preço da cruz, realizada na cruz e selada para todo o sempre com a cruz".[41]

Provocações: Eu vivo em comunhão com Deus? O que tenho feito para que o(a) outro(a) viva em comunhão com Deus? O que me impede de viver a união com Deus? No silêncio de teu coração, reze um Pai-nosso e uma Ave-Maria na intenção de todos aqueles que estão afastados de Deus e da Igreja.

Oração: "Santa Teresa Benedita da Cruz, vós conheceis melhor o plano divino em relação a cada um de nós. Mesmo se o caminho que devemos trilhar nos parece difícil, é esse que o amor misericordioso nos reservou. Nesta entrega à cruz, seremos conduzidos para a glória da ressurreição. Nós suplicamos a vossa ajuda para aceitarmos a vontade de Deus e deixá-la acontecer, como Ele providencia e permite. Ensinai-nos o que devemos fazer, o que devemos pedir, como devemos colaborar. Jesus, em todos nós que rezamos juntos esta novena, se renove e transforme a vida, em Vós, pelo poder da vossa Ressureição. Assim, o otimismo e a confiança vencerão a pusilanimidade e a dúvida; as forças da luz contra os poderes das trevas, igual ao sol que vence as nuvens espessas da noite. Dai-nos a firmeza, por intercessão de vossa serva, Santa Teresa Benedita da Cruz, para aceitarmos aquilo que temos a tentação de vos negar, e

---

41. *A Ciência da Cruz*, p. 219-220.

entregar-vos o que quiserdes nos tomar, para que se faça a vossa vontade e seja santificado o vosso nome".[42] Amém.

Pai-nosso, Ave-Maria, Glória.

Segundo dia

Chamados a ser construtores da paz através do diálogo

Em nome do Pai e do Filho e do Espírito Santo. Amém.

Meditação: "Deus criou a cada homem individual segundo uma 'ideia' própria, para a glória e felicidade. Essa ideia é expressa em sua vida como algo que tem de chegar a ser e que corresponda àquilo para que foi chamado nesta vida. A hierarquia celeste não é concebida como uma reunião de iguais, com desejos diferentes, mas como uma harmonia de múltiplas vozes. O fim do homem é que sua voz ressoe com a dos demais. O fim do trabalho formativo é trabalhar para que o homem chegue a ser o que ele tem de ser. Como homem e mulher, devem ser considerados modelos diferentes da imagem de Deus; como cada alma humana leva em si um selo divino próprio, assim também é visto como um estatuto divino da raça humana

---

42. Oração da Novena a Santa Teresa Benedita da Cruz do Carmelo de Colônia, na Alemanha, traduzida do original alemão pelo Frei Hermano José Cürten, OFM, republicada pelas Monjas Carmelitas do Carmelo Ressurreição e Santa Edith Stein, Senhor do Bonfim, BA.

que ela se articule em povos, cada um com a sua peculiaridade. O Senhor — que elegeu a um povo para nele nascer; que durante a sua vida terrena falou a língua desse povo; que pensou com as suas metáforas e imagens; que observou os seus costumes, dedicando-lhe todas as suas energias — deu a cada povo uma missão nesta terra e para a eternidade, e a cada um uma missão dentro de seu povo. Assim, é conforme o plano divino que o indivíduo seja formado como membro da totalidade de seu povo, segundo seus dons; que o povo, ao longo de sua história, realize a sua 'ideia' e que cumpra a sua tarefa no conjunto de toda a humanidade".[43]

Provocações: Sou consciente de minhas responsabilidades e deveres para com o bem do meu povo? O que tenho feito para que a minha comunidade viva em paz e em harmonia? "A Bíblia diz que quem encontra um amigo encontra um tesouro. Gostaria de propor a todos que fossem além dos grupos de amigos e construíssem a amizade social, que é tão necessária para a boa convivência. Que nos reencontremos especialmente com os mais pobres e vulneráveis, os que estão nas periferias. Que nos afastemos dos populismos que exploram a angústia do povo sem oferecer soluções, propondo uma mística que nada resolve. Que fujamos da inimizade social, que só destrói, e escapemos da 'polarização'. Isso nem sempre é fácil, principalmente hoje, quando parte da política, da sociedade e

---

43. Formação da juventude à luz da fé católica. OC IV, p. 436, tradução livre.

da mídia está decidida a criar inimigos, para derrotá-los num jogo de poder. O diálogo é o caminho para ver a realidade de uma maneira nova; para viver, com entusiasmo, os desafios da construção do bem comum. Rezemos para que, nas situações de conflitos sociais, econômicos e políticos, sejamos arquitetos do diálogo, arquitetos da amizade, corajosos e apaixonados, homens e mulheres que sempre estendem a mão, e que não haja espaços de inimizade e de guerra".[44]

Oração: "Senhor 'Deus de Abraão, de Isaac e de Jacó', mostrai-nos a vossa face misericordiosa e protetora. Abençoai nosso lar, nossa comunidade, nossa Pátria. Defendei-nos do maligno, das guerras contra nós mesmos e contra o nosso próximo. Afastai o horror das guerras entre as nações por cobiça, ganância e fome de poder. E por intercessão de vossa serva, Santa Teresa Benedita da Cruz, alcançai-nos as graças de que necessitamos para fazer sempre a vossa vontade, agindo em tudo conforme ao vosso divino querer. Alcançai-nos, particularmente, a graça de... **(faz-se o pedido particular)**, e nos atendei benigno, a nós, que tão confiantemente vos suplicamos. Santa Teresa Benedita da Cruz, sede nossa fiel intercessora e alcançai-nos do Pai esta graça de que tanto necessitamos".[45] Amém. Pai-nosso, Ave-Maria, Glória.

---

44. Papa Francisco. Mensagem do vídeo do mês de julho de 2021, lançado pela Rede Mundial de Oração do Papa.
45. Oração da Novena a Santa Teresa Benedita da Cruz.

Terceiro dia

Seres humanos plenos, fincados no chão da eternidade

Em nome do Pai e do Filho e do Espírito Santo. Amém.

Meditação: "Hoje em dia, milhões de crianças estão sem lar e órfãs, apesar de terem uma casa paterna e uma mãe. Elas têm fome de amor e esperam uma mão que as guie, que as tire da sua sujeira e da miséria para chegar à pureza e à luz. Como poderia a nossa grande mãe, a Santa Igreja, deixar de abrir os braços em par para apertar contra seu coração esses seres preferidos do Senhor? Mas, para isso, ela precisa de braços e de corações humanos, de braços e de corações maternais [e paternais]. Prestar serviço à juventude em nome da Igreja talvez seja a maior tarefa que atualmente deva ser enfrentada. Cumprida essa tarefa, poderíamos ter a esperança de ver crescer uma geração de mães [e de pais] que possam novamente dar a seus filhos um lar, em vez de abandoná-los como órfãos; aí sim poderia crescer outra vez um povo moralmente sadio e fiel a Cristo".[46]

Provocação: "Qual é a grande enfermidade de nosso tempo e de nosso povo? Na grande maioria das pessoas é a desintegração interna, a falta total de convicções e de princípios firmes, pessoas à deriva, sem direção, e, por causa da insatisfação com

---

46. *A mulher*: sua missão segundo a natureza e a graça. EDUSC, p. 277.

esse tipo de existência, a busca de entorpecimento em novos prazeres cada vez mais sofisticados; naqueles que procuram um conteúdo de vida sério é, frequentemente, o afogamento numa atividade profissional unilateral que protege contra a agitação da vida, mas não consegue detê-la. O remédio contra a doença de nosso tempo são seres humanos plenos... fincados no chão da eternidade, que não se deixam abalar em suas convicções e em seu agir por opiniões, asneiras e vícios da moda que grassam à sua volta. Cada uma dessas pessoas é como uma coluna firme em que muitos podem agarrar-se para voltar a sentir, por meio dela, o chão firme debaixo dos pés. Uma vez transformados em seres humanos plenos, que ajudam os outros a se tornarem igualmente plenos, [homens e mulheres] passam a criar células sadias e fortes que levam forças vitais sadias ao corpo da nação inteira".[47]

Oração: "Senhor Deus de nossos pais, fazei abundar em nós a sabedoria da cruz, com a qual, admiravelmente, enriquecestes Santa Teresa Benedita da Cruz na hora do martírio. Concedei-nos, por sua intercessão, que constantemente vos procuremos, Suma Verdade, e guardemos fielmente, até à morte, a eterna aliança de amor, selada no sangue de vosso Filho, para a salvação de todos os homens. Por nosso Senhor Jesus Cristo, vosso Filho, na unidade do Espírito Santo".[48] Amém.

Pai-nosso, Ave-Maria, Glória.

---

47. *Ibidem*, p. 287.
48. Oração da Liturgia das Horas da Ordem dos Irmãos Descalços da Bem-Aventurada Virgem Maria do Monte Carmelo.

Quarto dia

Amor para com os irmãos e irmãs

Em nome do Pai e do Filho e do Espírito Santo. Amém.

Meditação: Em 1914, quando eclodiu a Primeira Guerra Mundial, por determinação de ordens superiores da Universidade de Gottingen, na Alemanha, os estudos foram interrompidos. Enquanto muitos de seus colegas e professores tinham sido convocados para lutar no *front*, Edith não achava justo ficar segura em casa. Ela escreve: "'Agora minha vida já não me pertence' — disse para mim mesma. 'Tenho de investir todas as minhas forças nisso que está acontecendo. Quando a guerra terminar, se ainda estiver viva, poderei voltar a pensar em meus assuntos pessoais'"[49]. Ela faz o curso técnico de enfermagem e se alista para servir como enfermeira voluntária na Cruz Vermelha Alemã. Foi convocada para servir em um hospital militar, na Morávia, dedicando-se ao cuidado de soldados feridos, especialmente daqueles que contraíam doenças infecciosas, como tifo e cólera.

Mais tarde, escreve: "Se Deus é Amor e está em nós, então não pode ser indiferente o nosso amor para com os irmãos. Por isso, o amor humano é a medida do nosso amor a Deus. Mas é algo mais do que o simples amor humano. O amor natural se dirige a um outro, ligado pelos laços do sangue ou por

---

49. *Vida de uma família judia e outros escritos autobiográficos*, p. 384.

afinidades de caráter ou por interesses comuns. Os outros são 'estranhos', que 'não nos importam', talvez até por seu jeito antipático, de forma que mantemos a devida distância. Para o cristão não existe 'gente estranha'. Próximo é aquele que encontramos em nosso caminho e que mais necessita de nós, indiferentemente se é parente ou não, se a gente gosta dele ou não, se ele é 'moralmente digno' da nossa ajuda ou não. O amor de Cristo não tem limites, ele nunca termina, ele não recua diante da feiura ou da sujeira. Ele veio por causa dos pecadores e não por causa dos justos. E se o amor de Cristo mora em nós, então, façamos como Ele, indo ao encontro das ovelhas perdidas".[50]

Hoje, como Santa Teresa Benedita da Cruz, também nós somos chamados a sair do nosso comodismo, fazendo aquilo que nos é possível para o bem dos nossos irmãos e irmãs. "Quanto mais profundamente esteja a alma unida a Deus; quanto mais inteiramente tenha se entregado a sua graça, tanto mais forte será a sua influência na configuração da Igreja. E vice-versa, quanto mais profundamente esteja uma época submergida na noite do pecado e no distanciamento de Deus, mais necessita de almas que estejam unidas a Ele. Deus não permite que, nessas situações, faltem tais almas. Na noite mais escura surgem os maiores profetas e santos".[51]

Provocações: Reze um Pai-nosso e uma Ave-Maria na intenção de todos os doentes e profissionais da saúde. Se possível,

---

50. *O Mistério do Natal*, p. 21.
51. Vida escondida e epifania, OC V, p. 637, tradução livre.

visite um enfermo ou alguém que necessite de alegria, conforto, paz.

Oração: "Santa Teresa Benedita da Cruz, a vossa fé viva no amor d'Aquele que nos dá a cruz infundiu no sofrimento o gérmen da esperança na vitória. Toda a carga e peso da cruz que experimentamos, e o motivo pelo qual Jesus pendeu na cruz, é muitas vezes, para nós, motivo de grande dor. E como poderemos consolar e aliviar os outros, se não sintonizarmos completamente com a vontade do Pai em nossas vidas? Jesus, olhando-vos pregado na Cruz em meio aos cruéis tormentos da crucifixão, faz-nos sentir vergonha de nos deixar abalar em nossa vida por qualquer sofrimento; isso para nós é perturbador. Vós conheceis nossa fraqueza. Somos ainda tão pequenos na fé! Por isso, socorrei-nos e atendei nosso pedido; fortalecei nossa fé e dai-nos resignação perfeita em nossos sofrimentos".[52] Amém. Pai-nosso, Ave-Maria, Glória.

Quinto dia

Chamados à imitação de Cristo

Em nome do Pai e do Filho e do Espírito Santo. Amém.

Meditação: "Pertencer e servir a Deus, em livre doação de amor, não é apenas profissão de alguns escolhidos e sim de

---

52. Oração da Novena a Santa Teresa Benedita da Cruz.

todos os cristãos, sejam eles ordenados ou não, homem ou mulher: todos são chamados a imitar a Cristo. Quanto mais se progride nesse caminho, mais se fica parecido com Cristo, e como Cristo representa o ideal da perfeição humana, no qual são abolidas todas as unilateralidades e falhas, reunidas todas as qualidades da natureza masculina e feminina, eliminadas as fraquezas, seus seguidores também passam a ser elevados, cada vez mais, para além dos limites da natureza. Por isso, verificamos em homens santos a suavidade e a bondade feminina e uma preocupação verdadeiramente maternal com as almas que lhes são confiadas, e em mulheres santas encontramos coragem, proficiência e determinação masculina. Assim, a imitação de Cristo leva ao desenvolvimento da vocação original do ser humano: ser imagem de Deus, do Senhor da Criação, protegendo, preservando e promovendo todas as criaturas que o rodeiam; gerando e formando filhos para o reino de Deus em paternidade e maternidade espiritual. Ultrapassar os limites naturais é a ação suprema da graça, podendo jamais ser alcançados pela luta autossuficiente contra a natureza ou pela negação dos limites naturais; o único caminho é a submissão à ordem estabelecida por Deus".[53]

Provocação: "Embora sua mãe a tenha educado na religião hebraica, aos 14 anos de idade Edith Stein 'consciente e propositadamente desacostumou-se da oração'. Só queria contar consigo mesma, preocupada em afirmar a própria liberdade

---

53. *A mulher*, p. 103.

nas opções de vida. No fim do longo caminho, foi-lhe dado chegar a uma surpreendente conclusão: só quem se une ao amor de Cristo se torna verdadeiramente livre. A experiência dessa mulher, que enfrentou os desafios de um século atormentado como o nosso, é para nós exemplar: o mundo moderno ostenta a porta atraente do permissivismo, ignorando a porta estreita do discernimento e da renúncia. Dirijo-me especialmente a vós, jovens cristãos, em particular aos numerosos ministrantes reunidos em Roma nestes dias: evitai conceber a vossa vida como uma porta aberta a todas as opções. Escutai a voz do vosso coração! Não permaneçais na superfície, mas ide até o fundo das coisas! E quando chegar o momento, tende a coragem de vos decidirdes! O Senhor espera que coloqueis a vossa liberdade nas suas mãos misericordiosas".[54]

Oração: "Santa Teresa Benedita da Cruz, é admiravelmente consolador poder participar já neste mundo, pela fé, da vossa realidade. Conduzi a nós as torrentes da graça, que nascem do coração divino: a misericórdia de Jesus nas nossas dificuldades; a onipotência na fraqueza de nossa incapacidade; a verdade divina em nossa tristeza. Maria, nossa Mãe, lembrai-vos das nossas necessidades e rogai por nós"[55]. Amém.

Pai-nosso, Ave-Maria, Glória.

---

54. João Paulo II. Trecho da homilia proferida na missa de canonização de Santa Teresa Benedita da Cruz, em 11 de outubro de 1998.
55. Oração da Novena a Santa Teresa Benedita da Cruz.

Sexto dia

Chamados a ser formadores na fé

Em nome do Pai e do Filho e do Espírito Santo. Amém.

Meditação: "Cristo é a nossa cabeça e a sua vida divina passa para nós, seus membros, quando estamos unidos a ele no amor e sujeitos a ele na obediência. A cabeça é o homem-Deus, que tem sua existência autônoma fora desse corpo místico. Os membros têm sua experiência própria como seres livres e racionais, e o corpo místico se forma pelo amor da cabeça e pela sujeição espontânea dos membros. As funções de cada membro dentro do corpo místico decorrem dos dons que foram concedidos a cada um, dons do amor e do espírito; é sabedoria da cabeça usar os membros de acordo com seus dons, mas é o poder divino da cabeça que provê cada um dos membros com os dons que podem ser proveitosos ao organismo todo; e a finalidade de todo esse organismo, que é o corpo místico de Cristo, consiste em levar cada membro, que é, por sua vez, um ser humano inteiro, com corpo e alma, à plenitude da redenção e da filiação divina, para que, inserido no todo da comunhão dos santos, glorifique a Deus a seu modo".[56]

Provocação: "Encontrar a Deus, estar unido a Ele por amor, atuar sob sua proteção neste mundo: essa é a plenitude, o fim

---

56. *A Mulher*, p. 84-85.

para o qual o homem tem de ser formado nesta vida. Aquilo com que o homem contribui e com que contribuem os outros pode resultar eficaz apenas se estiver em consonância com o trabalho de formação que o mesmo Deus realiza no homem. E isso sucede na Igreja, o Cristo místico, o Cristo que continua sua vida visivelmente neste mundo. Seus membros e órgãos são todos os crentes que vivem da fé. Órgãos seus são os *pais cristãos*, que consideram a seu filho como um dom de Deus e que consideram como seu primeiro e mais urgente dever — após o início da vida natural — que a vida da graça também se faça imediatamente ativa nele; que com suas orações, exemplos e ensinamentos alimentem a vida da graça nele. Órgãos seus são os *sacerdotes*, que anunciam a Palavra e administram os sacramentos.

Seus órgãos são os *guias da juventude*, que por uma união particular de amor e de confiança estão unidos ao jovem, aos quais o jovem abre a sua alma por livre escolha; aqueles que sabem ler a alma e que podem ajudá-la em seu caminho, por estes o jovem se deixa ser guiado em livre submissão. Órgãos elegidos por Deus são os homens que são exemplos luminosos de vida cristã, que se consagraram totalmente ao serviço do Senhor e que se converteram em imagem viva de Cristo: esses são os *santos do céu*, cuja formação foi completada, que alcançaram seu fim. Eles são as provas mais seguras de que o que nos é pedido é possível. Alguns deles, de vez em quando, têm especial importância para os homens que lutam e sofrem, por sua proteção ou íntima familiaridade. E todos nos ajudam a alcançar o nosso fim, não só com o seu exemplo, mas, também, com a sua proteção. Porém, também aqueles que ainda vivem nos servem de modelo".[57]

Oração: "Santa Teresa Benedita da Cruz, a vossa vida e morte aumentaram o tesouro da oração da Igreja. Que consolo para nós, nas necessidades em que nos encontramos, acreditar que podemos servir-nos deste tesouro. Nas nossas possibilidades tão limitadas, não vemos saída. Colocamos a nossa confiança na vossa intercessão. Pela nossa união com Cristo permanecemos unidos, e vós também vos sentis responsável por cada um de nós. Como vos impelíeis a colaborar na salvação dos homens pela participação na cruz do Senhor! Vós sabeis melhor do que nós o que é necessário para nossa salvação. Inundai nossos corações com as torrentes de luz e de paz; que a esperança e a confiança nos deem forças para aceitar a vontade divina. Eu vos peço, tocai o coração do Redentor, para que nos conceda a graça que pedimos... Que nós tenhamos a certeza de que 'temos um bom Pai no Céu que nos dá coisas boas'. Não cesseis de interceder por nós, pois a Divina Liberalidade se deixa sujeitar e atende nossas preces, pela intercessão de seus Eleitos".[58] Amém.

Pai-nosso, Ave-Maria, Glória.

---

57. Formação da juventude à luz da fé católica, OC IV, p. 440-441, tradução livre.
58. Oração da Novena a Santa Teresa Benedita da Cruz.

Sétimo dia

Unidos à Santíssima Virgem no sofrimento

Em nome do Pai e do Filho e do Espírito Santo. Amém.

Meditação: "Já que Maria estava relacionada com Deus e unida ao Senhor em uma união de vida — na sua participação no seguimento, na disponibilidade, no anseio, na simpatia —, ela também teria de sofrer. Como mãe, teria de ser cruz para o Senhor: ela deu a Ele uma natureza capaz de sofrer, o 'corpo do pecado', a natureza humana, à qual Deus estava sujeito como em sua cruz. Seu parentesco com o Filho é a entrega à vontade do Pai, e seu *Fiat* é o consentimento de ser a cruz do Senhor. Ela foi a que o trouxe em seus braços; aquela que o ofereceu no templo sobre o altar de seu coração, e, sobretudo, a que esteve aos pés da cruz; com a sua presença, fez ainda mais doloroso o sofrimento de Cristo. Devemos tentar participar desse sofrimento e esquecer de nossos pequenos sofrimentos.

Já que Maria, por sua graça, estava elevada acima de todas as criaturas, também superou a todas elas no amor. O amor é o mais profundo em nossa relação com Deus, é o que realiza a união. O amor materno é o mais forte amor humano. O amor de Maria superava o de todas as mães. Era mais ardente que o dos Serafins. Ela mesma — como o Espírito Santo — pode ser chamada o amor. E, pelo mesmo, não apenas cocrucificada, como também, ela mesma, é a cruz. O Filho em seus braços é o instrumento de seu martírio. Todos os seus sofrimentos e dores são dela. Todas as suas alegrias maternas estão atravessadas pelo sofrimento. E todas as palavras de Jesus a ela são meios para afastá-la do pensamento de sua dignidade de mãe: o encontro no templo, quando ela o buscou durante a sua atividade de pregador; em Caná e, finalmente, na cruz. Aí, tampouco chama-a de mãe, porque quer uni-la consigo na entrega de si à obra da redenção. Ela se converte, no Gólgota, em mãe da Igreja, em nossa mãe. E para ela, propriamente, era essa a hora de sua morte".[59]

Provocação: Contemplando a imagem de Maria aos pés da cruz, reze: "Mãe da paz, que sabeis o que significa apertar nos braços o corpo morto do Filho, daquele a quem destes a vida, poupai a todas as mães desta terra a morte dos seus filhos, os tormentos, a escravidão, a destruição da guerra, as perseguições, os campos de concentração, as prisões! Conservai-lhes a alegria do nascimento, da sustentação, do desenvolvimento da humanidade e da sua vida. Em nome dessa vida, em nome do nascimento do Senhor, implorai conosco pela paz e pela justiça no mundo. Mãe da Paz, em toda a beleza e majestade da Vossa Maternidade, que a Igreja exalta e o mundo admira, nós vos pedimos: estejais conosco a cada momento".[60]

---

59. Caderno de Notas Pessoais. Exercícios — 1937, OC V, p. 850-851, tradução livre.

60. *As mais belas preces de João Paulo II*. João Carlos Almeida (org.).

Oração: "Senhor Nosso Deus, agradecemos a ti, que suscitaste, no mundo de hoje, Edith Stein; uma mulher forte e corajosa, buscadora da verdade, que não teve medo de assumir seus compromissos como judia, mulher, católica e carmelita descalça. Ela não renegou a sua raça, o seu povo, mas foi com ele solidária até o fim, preferindo a morte a fugir para outros lugares. Enfrentou a fúria e a covardia do Nazismo; caminhou, com seu povo, rumo ao martírio. Senhor, dá-nos a coragem dessa mulher para procurar sempre a verdade e fazer dessa busca a nossa única oração que agrada a ti. Saibamos seguir a verdade em todos os momentos da vida, mesmo quando ela nos exige morrer. Senhor, que pela intercessão de Edith Stein, saibamos assumir a nossa cruz, fazendo dela uma ciência verdadeira que nos faz crescer e que nos une ao sofrimento de Cristo e a todos os sofrimentos da humanidade. Que sejamos como ela: lutadores contra todo tipo de opressão e discriminação. Dá-nos, Senhor, o amor, a cruz libertadora do teu Cristo e nosso salvador, e como Maria saibamos permanecer de pé aos pés da cruz".[61] Amém.

Pai-nosso, Ave-Maria, Glória.

---

61. Frei Patrício Sciadini, OCD. *In: Edith Stein diz...*, Edições Loyola, p. 7-8.

Oitavo dia

Misericordiosos como Jesus

Em nome do Pai e do Filho e do Espírito Santo. Amém.

Meditação: "Verdade e misericórdia encontram-se na obra da redenção. São um atributo de Deus. O horror do pecado e o poder das trevas manifestaram-se na Paixão e morte de Jesus. A misericórdia consiste em que não nos percamos; fomos salvos por suas feridas, por sua morte alcançamos a vida. Por isso, a verdade é misericordiosa e a misericórdia é verdadeira. Também em teu coração, Santíssima Virgem, verdade e misericórdia estão unidas. Tu não fechaste os olhos ante o sofrimento; ali te apiedaste de nós, dizendo com o Senhor: Pai, perdoa-os. Se somos sinceros, se não fechamos os olhos ante os nossos próprios pecados e faltas, mas se os vemos e, abertamente, os confessamos, e se cremos de verdade na misericórdia, então ela vem ao nosso encontro e nos liberta. E somos misericordiosos com os demais quando somos verdadeiros; quando vemos suas deficiências e as descobrimos para ajudá-los a se libertarem. Porém, somos realmente verdadeiros quando somos verdadeiros em misericórdia: se só nos move um amor puro, se temos em consideração o que o outro pode suportar, se vemos claramente nossa própria cegueira e, por isso, imploramos a misericórdia divina, não confiando em nossa própria luz, colocando-nos sob a guia da luz divina.

Verdade e misericórdia estão unidas no Santíssimo Sacramento. É verdade que nós necessitamos da aproximação corporal e da presença sensível; misericórdia incompreensível que te estabeleceste nesta figura no meio de nós. É verdade que teu sacrifício na cruz seria uma pálida realidade de tempos passados se, diariamente, não te fizesses presente em nossos altares. Toda a tua vida, que foi vivida por nós, seria 'do passado', se tua misericórdia não se deixasse fazer presente ao longo do ano litúrgico. Verdadeiramente serviço santo e santificante é o ofício divino, que nos manifesta a verdade misericordiosa da história da salvação e se faz efetivamente presente em nós. Incompreensível verdade e misericórdia é que o Deus Todo-poderoso se abaixe para elevar até si uma pobre criatura à união nupcial. Tu me dizes e eu creio que a união é o que de mais excelso pode acontecer a uma criatura na terra, superada apenas pela Glória. Se nós nos libertamos para ti e se cremos, de verdade, na transformante força de tua graça e misericórdia, então, essa eterna aliança não é superada pela união mística. Como será possível preparar-se dignamente? Eu não o posso. Porém, confio em tua graça e na ajuda poderosa de tua Mãe".[62]

Provocação: "O diálogo leva a reconhecer a riqueza da diversidade e predispõe os ânimos para a recíproca aceitação, em ordem a uma autêntica colaboração, de acordo com a primordial vocação à unidade de toda a família humana. Como tal,

---

62. Terça-feira de Páscoa: *Veritas et misericordia obviaverunt sibi*. Caderno de Notas Pessoais. Exercícios espirituais, OC V, p. 865-866, tradução livre.

o diálogo é um instrumento sublime para realizar a *civilização* do amor e da paz, que o meu venerado predecessor, Papa Paulo VI, indicou como o ideal que deve inspirar a vida cultural, social, política e econômica do nosso tempo. No início do terceiro milênio, é urgente propor novamente o caminho do diálogo a um mundo atribulado por demasiados conflitos e violências, por vezes desanimado e incapaz de perscrutar os horizontes da esperança e da paz".[63]

Oração: "Santa Teresa Benedita da Cruz, a vossa vida é um testemunho: vós vivestes o amor transbordante, que tem raiz no coração de Jesus. Vós andastes o caminho escuro e difícil rumo a Auschwitz, pelo vosso povo, pela Igreja e pela paz no mundo. 'Permanecei no meu amor'. Vós passastes pela câmara de gás e vos tornastes mais forte do que aqueles que lançaram mão da vossa vida para destruí-la. Na fraqueza extrema, vós sabíeis que o amor 'ressuscita da morte para a vida'. Vós estáveis enraizada no Coração de Jesus, quando a vossa fé foi provada quanto à autenticidade. E vós passastes pela provação. Em Westerbork fizestes papel de mãe, consolando as criancinhas e confortando as mães desoladas. Chorastes com os tristes! Viram-na como 'a Pietá' sem o Cristo! Colocamos no vosso colo a nossa intenção...

Maria, vede a nossa necessidade e intercedei junto ao vosso Filho Amado, para que transforme a nossa fé em certeza;

---

63. João Paulo II. Mensagem para a celebração do XXXIV Dia Mundial da Paz, 1º de janeiro de 2001.

que no amor do vosso coração e do coração do vosso Filho, o nosso pedido seja atendido".[64] Amém.

Pai-nosso, Ave-Maria, Glória.

Nono dia

Uma única família humana

Em nome do Pai e do Filho e do Espírito Santo. Amém.

Meditação: "Porque era judia, Edith Stein foi deportada juntamente com a irmã Rosa e muitos outros judeus dos Países Baixos para o campo de concentração de Auschwitz, onde com eles encontrou a morte nas câmaras de gás. Hoje recordamo-nos de todos com profundo respeito. Poucos dias antes da sua deportação, a quem lhe oferecia uma possibilidade de salvar a vida, a religiosa respondera: 'Não o façais! Por que deveria eu ser excluída? A justiça não consiste acaso no fato de eu não obter vantagem do meu batismo? Se não posso compartilhar a sorte dos meus irmãos e irmãs, num certo sentido a minha vida é destruída'. Doravante, ao celebrarmos a memória da nova Santa, não poderemos deixar de recordar, todos os anos, também a Shoah, aquele atroz plano de eliminação de um povo, que custou a vida a milhões de irmãos e irmãs judeus.

---

64. Oração da Novena a Santa Teresa Benedita da Cruz.

O Senhor faça brilhar o seu rosto sobre eles, concedendo-lhes a paz (Nm 6,25s.).

O amor de Cristo foi o fogo que inflamou a vida de Teresa Benedita da Cruz. Antes ainda de se dar conta, ela foi completamente arrebatada por ele. No início, o seu ideal foi a liberdade. Durante muito tempo, Edith Stein viveu a experiência da busca. A sua mente não se cansou de investigar e o seu coração, de esperar. Percorreu o árduo caminho da filosofia com ardor apaixonado e no fim foi premiada: conquistou a verdade; antes, foi por ela conquistada. De fato, descobriu que a verdade tinha um nome: Jesus Cristo, e a partir daquele momento o Verbo encarnado foi tudo para ela. Olhando como Carmelita para este período da sua vida, escreveu a uma Beneditina: 'Quem procura a verdade, conscientemente ou inconscientemente, procura a Deus'.

A Santa ensina-nos que o amor a Cristo passa através da dor. Quem ama verdadeiramente, não se detém diante da perspectiva do sofrimento: aceita a comunhão na dor com a pessoa amada. Consciente do que comportava a sua origem judaica, Edith Stein pronunciou palavras eloquentes a este respeito: 'Debaixo da cruz, compreendi a sorte do povo de Deus... Efetivamente, hoje conheço muito melhor o que significa ser a esposa do Senhor no sinal da Cruz. Mas dado que se trata de um mistério, isto jamais poderá ser compreendido somente com a razão'. Pouco a pouco, o mistério da cruz impregnou toda a sua vida, até a impelir rumo à oferta suprema. Como esposa na Cruz, a Irmã Teresa Benedita da Cruz não escreveu apenas páginas profundas sobre a 'ciência da cruz', mas percorreu até o fim o caminho da escola da Cruz. Muitos dos nossos contemporâneos quereriam fazer com que a Cruz se calasse. Mas nada é mais eloquente que a Cruz que se quer silenciar! A verdadeira mensagem da dor é uma lição de amor. O amor torna o sofrimento fecundo e este aprofunda aquele".[65]

"Hoje a Igreja do século 20 vive um grande dia: nós nos curvamos profundamente ao testemunho da vida e morte de Edith Stein, a notável filha de Israel e, ao mesmo tempo, filha do Carmelo, Irmã Teresa Benedita da Cruz, uma personalidade que é uma síntese dramática do nosso século, unida em sua rica vida. A síntese de uma história cheia de feridas profundas que ainda doem, mas homens e mulheres responsáveis continuam trabalhando para curá-las até os nossos dias; e, ao mesmo tempo, a síntese de toda a verdade sobre o homem, num coração que, durante tanto tempo, permaneceu inquieto e insatisfeito 'até que, finalmente, encontrou descanso em Deus'".[66]

Provocação: "Por amor de Deus e do homem, lanço de novo um premente brado: nunca mais se repita uma semelhante iniciativa criminosa para nenhum grupo étnico, povo e raça, em qualquer recanto da terra! É um brado que dirijo a todos os homens e mulheres de boa vontade; a todos aqueles que creem

---

65. João Paulo II. Trechos da homilia proferida na cerimônia de canonização de Santa Teresa Benedita da Cruz, em 11 de outubro de 1998.

66. João Paulo II. Trecho do sermão proferido na cerimônia de beatificação da Irmã Teresa Benedita da Cruz. Estádio Cologne-Mungersdorf, sexta-feira, 1º de maio de 1987.

no Deus eterno e justo; a todos aqueles que se sentem unidos em Cristo, Verbo de Deus encarnado. Aqui, todos nós devemos ser solidários: é a dignidade humana que está em jogo. Só existe uma única família humana. É isto que a nova Santa afirmou com grande insistência: 'O nosso amor pelo próximo — escrevia — é a medida do nosso amor a Deus. Para os cristãos — e não só para eles — ninguém é *estrangeiro*. O amor de Cristo não conhece fronteiras'".[67]

Oração: "Santa Teresa Benedita da Cruz, quando as mãos dos algozes a seguraram, vós vos sentistes carregada por um braço forte até a câmara de gás em Auschwitz. As mãos dos homens não puderam nada contra a vossa alma, ao contrário, deram-vos a oportunidade de obedecerdes até à morte, para, assim, glorificardes ao Pai. Ele, porém, vos glorificou. Na vossa intercessão colocamos a nossa confiança. Pai Celeste, vós sois o Amor, e tudo o que fazeis é digno de louvor. Só desejamos ser instrumentos do vosso amor misericordioso por cada um de seus filhos".[68] Amém.

Pai-nosso, Ave-Maria, Glória.

---

67. João Paulo II. Trecho da homilia proferida na cerimônia de canonização de Santa Teresa Benedita da Cruz, em 11 de outubro de 1998.
68. Oração da Novena a Santa Teresa Benedita da Cruz.

Anexos

I. Algumas orações e poesias de Santa Teresa Benedita da Cruz:

Novena de Pentecostes[1]

I. Quem és tu, Doce Luz que me preenche
e ilumina a obscuridade do meu coração?
Conduzes-me como a mão de uma mãe.
E, se me soltasses, não saberia nem dar mais um passo.
És o espaço que envolve todo o meu ser e o encerra em si.
Se fosse abandonada por Ti, cairia no abismo do nada,
de onde Tu o elevas ao Ser.
Tu, mais próximo de mim que eu mesma
e mais íntimo que a minha intimidade!
E, sem dúvida, permaneces inalcançável e incompreensível,
e que faz brotar todo nome:
Espírito Santo — Amor eterno!

---

1. *Aus einer Pfingstnovene*, OC V, p. 768-775, tradução livre.

II. Não és Tu o doce maná que do coração do Filho flui para o meu,
alimento dos anjos e dos bem-aventurados?
Aquele que da morte à vida se elevou,
também a mim despertou a uma nova vida do sono da morte.
E nova vida me doa, dia após dia
e um dia me cumulará de plenitude.
Vida de minha Vida.
Sim, Tu mesmo, Espírito Santo — Vida eterna!

III. És Tu o raio que cai do Trono do Juiz eterno
e irrompe na noite da alma,
que nunca se conheceu a si mesma?
Misericordioso e impassível,
penetras nas profundezas escondidas.
Se ela se assusta ao ver-se a si mesma,
concedes lugar ao santo temor,
princípio de toda sabedoria que vem do alto,
e, no alto, com firmeza, une-nos à tua obra,
que nos faz novos, Espírito Santo — Raio penetrante!

IV. És Tu a plenitude do Espírito
e da força com a qual o Cordeiro
rompe o selo do segredo eterno de Deus?
Impulsionados por ti,
os mensageiros do Juiz cavalgam pelo mundo,
e com espada afiada separam o reino da luz do reino da noite.

Então surgirá um novo céu e uma nova terra,
e tudo retorna ao seu justo lugar graças a teu talento:
Espírito Santo — Força triunfante!

V. És Tu o mestre construtor da catedral eterna
que se eleva da terra aos céus?
Por ti vivificadas, as colunas se elevam para o Alto
e permanecem imóveis e firmes.
Marcadas com o Nome eterno de Deus,
se elevam para a Luz, sustentando a cúpula
que cobre, qual coroa, a santa catedral,
tua obra transformadora do mundo,
Espírito Santo — Mão criadora!

VI. Foste Tu quem criou o claro espelho,
próximo ao trono do Altíssimo,
como um mar de cristal,
onde a divindade se contempla amando?
Tu te inclinas sobre a obra mais bela da criação,
e, resplandecente, te iluminas com o teu mesmo esplendor.
E a pura beleza de todos os seres,
unida à amorosa figura da Virgem,
tua Esposa sem mancha,
Espírito Santo — Criador do Universo!

VII. És Tu o doce canto do amor e do santo recato,
que eternamente ressoa diante do trono da Trindade,
e desposa, consigo, os sons puros de todos os seres?

A harmonia que une os membros com a Cabeça,
onde cada um encontra feliz o sentido secreto de seu ser
e jubilante irradia, livremente desprendido em teu fluir,
Espírito Santo — Júbilo eterno!

Estar contigo junto à cruz!
Sexta-feira Santa, 1938[2]

Hoje permaneci contigo sob a cruz
e jamais senti tão claramente que sob a Cruz te tornastes nossa Mãe.
Como uma fiel mãe terrena,
cuidas para cumprir até a última vontade do filho!
Porém, tu eras a Serva do Senhor;
do Deus encarnado ser e vida,
teu ser e vida totalmente inscritos.
Assim acolheste aos teus em teu coração,
e com o sangue derramado pelos teus amargos sofrimentos,
compraste vida nova para cada alma.
Tu conheces a todos nós: nossas feridas, nossas debilidades;
conheces, também, o resplendor do Céu,
que o amor de teu Filho quer derramar em nós, na eterna claridade.

---

2. *Iuxta crucem tecum stare!* e *Karfreitag, 1938.* OC V, p. 794-797, tradução livre.

E, assim, guias cuidadosamente os nossos passos;
nenhum preço é muito alto para ti,
desde que avancemos para a meta.
Mas aqueles que escolhestes para acompanhar-te,
para que um dia te rodeiem ante o Trono do Eterno,
têm de permanecer aqui na cruz contigo,
e hão de comprar com o sangue de seus amargos sofrimentos,
o resplendor celeste para as almas caríssimas,
as que o Filho de Deus lhes confia como herança.

A Deus Pai[3]

Abençoa o ânimo esgotado dos oprimidos pela dor
A pesada solidão das almas esmagadas,
O ser esvaziado dos homens,
O sofrimento que a alma nunca confia a outra.
Abençoa este bando dos caminhantes da noite,
Os que não temem caminhos desconhecidos.
Abençoa os homens necessitados, os que morrem agora,
Dá-lhes, Bom Deus, um feliz e tranquilo fim.
Abençoa os corações de todos, em especial, Senhor, os entristecidos;

---

3. *An Got den Vater* — Poesia 19, de 1939. OC V, p. 810, tradução livre.

Sobretudo, alivia aos enfermos, dá a paz aos atormentados.

Ensina os que levaram seu amor ao sepulcro a esquecê-los.

Faz com que, em todo o mundo, não viva um coração sob o tormento do pecado.

Abençoa os alegres, Senhor.

Conserva-os sob tua proteção.

Todavia, nunca me tiraste as vestes de luto.

Às vezes, sinto pesada a carga sobre meus ombros cansados,

Mas, se Tu me deres força, levarei essa carga como penitência até ao sepulcro.

Abençoa meu sono depois, e o sono de todos os mortos.

Recorda o que teu Filho sofreu por mim na angústia da morte.

Tu, Ser tão misericordioso para com todas as necessidades humanas,

Dê o descanso a todos os mortos em tua eterna paz.

Direção[4]

Senhor, tempestuosas são as ondas e escura é a noite.
Não queres iluminá-la para mim, que em solidão vigio?
Mantém forte a mão sobre o timão e esteja tranquilo e confiante

---

4. *Am Steuer*. OC V, p. 816-819, tradução livre.

Teu naviozinho me é muito querido
Quero guiá-lo até a meta.
Esteja muito atento, olhando sempre para a bússola,
Ela te ajudará a chegar à meta, através de noites e tempestades.
A agulha oscila, ligeiramente, mas logo indicará a direção
Para onde te quero conduzir.
Por isso, esteja atento e confiante:
Por noites e tempestades a vontade de Deus, fiel, te guiará
Se a consciência está vigilante.

Disseram-me...[5]

Disseram-me: O Senhor quer vir a ti,
O Salvador está às portas de teu coração.
Recebi com alegria a mensagem.
Agora o dia está se aproximando,
Quase tenho medo!
O grande Deus, ele vem à filha pobre.
É possível que ele goste de estar comigo?
Temo que não encontre nada belo em mim:
Eu sou tão pequena,
— Ele é o Senhor do mundo!
O que eu digo a ele para recebê-lo?

---

5. *Sie sagten mir*. OC V, p. 806, tradução livre.

Quem pode ajudar-me?
Quem pode me dar bons conselhos?
Quero pedir à amável Mãe de Deus,
Que sabe o que agrada a Jesus.
Maria fala: "Minha filha, não tenhas medo.
Meu Filho ama as crianças com ternura.
Vê-las bem e felizes é o seu desejo.
Prepara-te, com muita alegria, só para Ele.
Diga quando ele vier:
Leve meu coração como um presente,
E ensina-me o que te dá alegria.
Ofereço-te, com muita alegria, tudo o que tenho
E permaneço atenta a cada uma de tuas palavras.

II. A última comunicação de Santa Teresa Benedita da Cruz (Edith Stein):

Escrita do campo de Westerbork, antes de ser levada ao campo de Auschwitz. Traz o seguinte texto: Westerbork, barraca 36, 6-IV-42 (Edith equivoca-se; é agosto de 1942). "Querida Madre, ontem à tarde chegou uma Superiora religiosa com maletas para sua filha e agora deseja levar cartinhas. Amanhã, logo sairá um comboio (Silésia ou Checoslováquia?). O necessário é: meias de lã, duas mantas. Para Rosa, toda a roupa interior de inverno e o que estava na lavanderia; para as duas, toalhas e panos para lavar-se. Rosa tampouco tem escovas de dentes, nem cruz e rosário. Eu gostaria de ter o próximo volume do breviário (até agora, pude rezar maravilhosamente). Nossas carteiras de identidade, de família e de racionamento. Muito obrigada, saudações a todas, de Vossa Reverência, agradecida filha B" (Cf. Carta 678, OC I, p. 1412-1413, tradução livre).

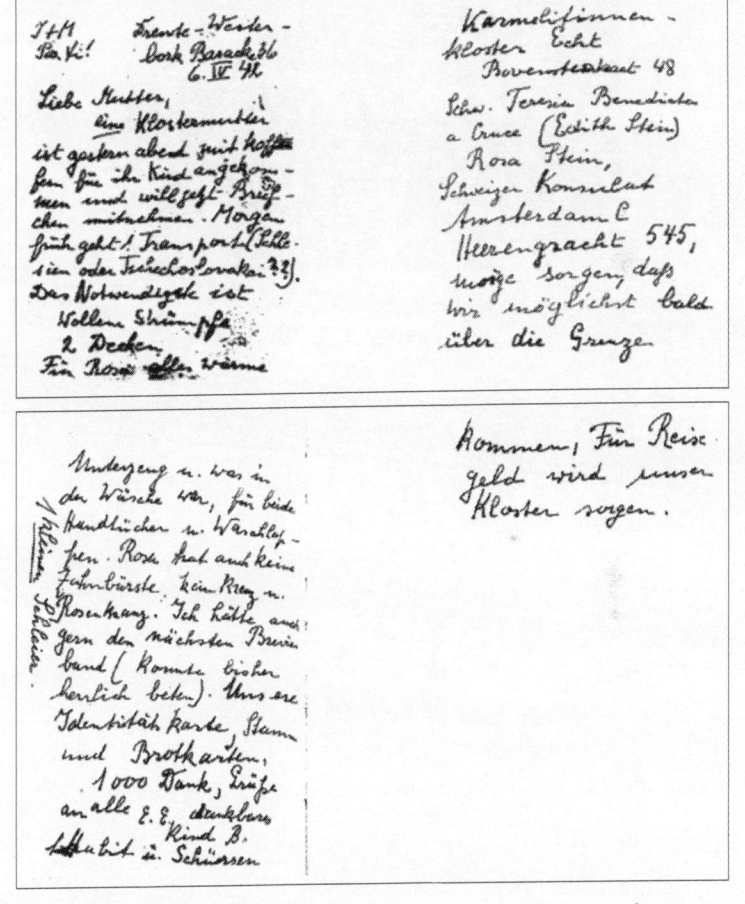

Reprodução de bilhetes escritos por Santa Teresa Benedita.

III. Fotografias e trechos de sua autobiografia:

Foto de família. Atrás, à esquerda: Paul, Else, o pai — Siegfried, Frieda e Arno. Na frente, à esquerda: Rosa, a mãe — Auguste, Edith e Erna.
Fonte: Edith Stein Archiv, Colônia, na Alemanha.

"Meus pais já moravam em Breslávia havia quase dezoito meses quando eu nasci, em 12 de outubro de 1891. Meu pai veio a falecer em julho de 1893[6]. Já relatei o fato de que minha mãe me carregava nos braços quando ele se despediu de nós para a viagem da qual não retornaria com vida, e que eu o chamei de volta no momento em que já havia virado as costas para partir. Assim, tornei-me a última herança que meu pai deixou para minha mãe. Dormia no mesmo quarto que ela, e quando ela voltava cansada do comércio de madeiras, seu

---

6. Edith relata que seu pai falecera vítima de insolação durante uma viagem de negócios (Cf. *Vida de uma família judia*, p. 42).

primeiro movimento era em minha direção. Quando eu estava doente, ela sequer tomava o tempo de tirar o casaco ao chegar em casa: sentava-se à beira da minha cama e pedia que para lá trouxessem o seu modesto jantar. Bastava sua presença para dissipar todas as minhas dores e sofrimentos"[7].

A pequena Edith
Fonte: Edith Stein Archiv, Colônia, na Alemanha.

"... eu nasci no dia da festa do Grande Perdão e minha mãe sempre considerou que o dia da festa era o verdadeiro dia de meu aniversário, embora o 12 de outubro fosse reservado para comemoração e os presentes. (Ela mesma festejava seu

---

7. *Vida de uma família judia*, p. 83.

aniversário, segundo o calendário judaico, no dia da Festa dos Tabernáculos, mas não manteve esse costume para os outros filhos). Ela deu muita importância a esse fato, e penso que foi isso o que mais contribuiu para que sua última filha gozasse de um carinho especial"[8].

Foto de infância de Erna e Edith (colorida artificialmente).
Fonte: Archivo Edith Stein, Colônia, na Alemanha.

"Minha irmã Erna e eu vivíamos juntas como se fôssemos irmãs gêmeas. Erna era um ano e oito meses mais velha que eu (um dia, ainda bem pequena, perguntei-lhe como era possível que às vezes ela tinha um ano a mais que eu e às vezes dois) e éramos duas irmãs muito diferentes, tanto no aspecto físico como na personalidade. Erna era grande e forte para a

---

8. *Vida de uma família judia*, p. 83.

sua idade. Tinha duas longas tranças castanhas, olhos grandes e escuros, o rosto branco e rosado, como uma pequena Branca de Neve. Eu era pequena e frágil, sempre pálida, apesar dos cuidados que recebia; tinha cabelos loiros (eles escureceram com o passar do tempo), e naquela época os deixava soltos, usando uma fita. Fisicamente, Erna parecia muito mais velha que eu. Mas quando eu abria a boca todos se espantavam com o 'poço de sabedoria' que era aquela pequena senhorita"[9].

Edith Stein, jovem estudante.
Fonte: Archivo Edith Stein, Colônia, na Alemanha.

"Eu já tinha percorrido vários caminhos desde aquele dia de abril de 1913, quando chegara pela primeira vez a

---

9. *Vida de uma família judia*, p. 69-70.

Gottinger, até aquele mês de março de 1921, em que para lá retornei mais uma vez, enfrentando a decisão mais importante da minha vida. Essa querida e velha Gottinger! Creio que só aqueles que estudaram lá entre 1905 e 1914, durante o curto florescer da escola fenomenológica de Gottinger, podem compreender tudo o que esse nome faz vibrar em nós"[10].

Santa Teresa Benedita da Cruz (Edith Stein), no dia de sua tomada de hábito. Na época, era costume vestir-se de noiva.
Fonte: Archivo Edith Stein, Colônia, na Alemanha.

---

10. *Vida de uma família judia*, p. 299.

"Aproximadamente dez dias depois de minha volta de Beuron[11], veio-me o seguinte pensamento: Afinal, não estaria na hora de entrar no Carmelo? O Carmelo era minha meta já havia doze anos, desde o verão de 1921, quando caiu em minhas mãos o *Livro da Vida* de nossa Santa Teresa e minha longa procura pela verdadeira fé chegou ao fim"[12].

Foto do passaporte da Irmã Teresa Benedita da Cruz.
Fonte: Archivo Edith Stein, Colônia, na Alemanha.

---

11. Edith Stein esteve várias vezes no Mosteiro Beneditino de Beuron, entre 1927 e 1933, e foi aconselhada pela Abadessa a entrar no Carmelo.
12. *Vida de uma família judia*, p. 543.

"Eu falava interiormente com o Salvador e lhe manifestava a minha ciência de que era a sua cruz que o povo judeu começava a carregar. A maioria das pessoas não compreenderia isso, mas quem compreendesse devia aceitar essa cruz de bom grado em nome de todos. Eu queria aceitá-la, mas ele devia mostrar-me como fazê-lo. Quando terminou a oração, tive a convicção íntima de ter sido atendida. Contudo, eu não sabia ainda em que consistia esse carregar a cruz."[13]

---

13. *Vida de uma família judia*, p. 539.

Referências

ALMEIDA, João Carlos. **As mais belas preces de João Paulo II**. 1ª ed. Rio de Janeiro: Agir, 2011.

FRANCISCO, Papa. **A amizade social**. YouTube, julho de 2021. Disponível em: https://youtu.be/nEwSfkNEFs0>. Acesso em: 04 de julho de 2021.

JOÃO PAULO II, Papa. **Mensagem para a celebração do XXXIV Dia Mundial da Paz** (Vaticano, 1/1/2001). Disponível em: <https://www.vatican.va/content/john-paulii/pt/messages/peace/documents/hf_jp-ii_mes_20001208_xxxiv-world-day-for-peace.html>. Acesso em: 6 de junho de 2021.

_____ **Homilia de beatificação da Irmã Teresa Benedita da Cruz**. Estádio Cologne-Mungersdorf, 1º de maio de 1987. Disponível em: <https:/www.vatican.va/content/john-paul-ii/de/homilies/1987/documents/hf_jp-ii_hom_19870501_messa-stadio-koln.html>. Acesso em: 6 de junho de 2021.

_____ **Homilia de canonização de Edith Stein**. Vaticano, 11 de outubro de 1998. Disponível em: <https://https://www.vatican.va/content/john-paul ii/pt/homilies/1998/documents/hf_jp-ii_hom_11101998_stein.html>. Acesso em: 6 de junho de 2021.

PROPRIUM LITURGIAE HORARUM. **Ordinis Fratrum Discalceatorum Beatissimae V. Mariae de Monte Carmelo**.

Tradução em língua portuguesa para o Brasil. Roma: Edicio Typica, 1974.

SCIADINI, Patrício. **Edith Stein diz...** São Paulo: Edições Loyola, 2005.

STEIN, Edith. **Obras completas I**: Escritos Autobiográficos e Cartas. Sob a direção de Julen Urzika e Francisco Javier Sancho. Traduzido do alemão por Jesús García Rojo, OCD; Ezequiel García Rojo, OCD; Francisco Javier Sancho Fermín, OCD; Constantino Ruiz-Garrido. Revisão de Julen Urkiza, OCD. Madri, Espanha: Monte Carmelo, 2002.

_____ **Obras completas IV**: Escritos Antropológicos e Pedagógicos. (Magistério de vida cristã, 1926-1933). Sob a direção de Julen Urkiza e Francisco Javier Sancho. Traduzido do alemão por Francisco Javier Sancho, José Mardomingo, Constantino Ruiz Garrido, Carlos Díaz, Alberto Pérez e Gerlinde Follrich de Aginaga. Madri, Espanha: Monte Carmelo, 2003.

_____ **Obras completas V**: Escritos Espirituais. (No Carmelo Teresiano: 1933-1942). Sob a direção de Julen Urzika e Francisco Javier Sancho. Traduzido do alemão por Francisco Javier Sancho e Julen Urkiza. Madri, Espanha: Monte Carmelo, 2004.

_____ **A Ciência da Cruz**: Estudo sobre São João da Cruz. Tradução de D. Beda Kruse, 3 ed. São Paulo: Edições Loyola, 2002.

_____ **A Oração da Igreja**. Tradução da versão francesa "La prière de l'Eglise", pela Companhia da Virgem.

_____ **A Mulher**: sua missão segundo a natureza e a graça. Tradução de Alfred J. Keller. Bauru, SP: EDUSC, 1999.

_____ **O Mistério do Natal**. Edith Stein. Tradução de Hermano José Curten. Bauru, SP: EDUSC, 1999.

_____ **Vida de uma família judia e outros escritos autobiográficos**. Tradução de Maria do Carmo Ventura Wollny, Renato Kirchner; revisão técnica de Juvenal Savian Filho. São Paulo: Paulus, 2018.

WEGENER, Schwester M. Annunciata. **Karmelitinnenkloster Köln**. Novena a Santa Teresa Benedita da Cruz. Traduzida do alemão por Frei Hermano José Cürten, OFM. Reelaborada e impressa pelas Monjas do Carmelo Ressurreição e Santa Edith Stein. Senhor do Bonfim, BA, 1998.

Edições Loyola

editoração impressão acabamento

Rua 1822 n° 341 – Ipiranga
04216-000 São Paulo, SP
T 55 11 3385 8500/8501, 2063 4275
www.loyola.com.br